EL INCREÍBLE MUNDO DE LAS PLANTAS

PLANTAS DEL DESIERTO

"PLANTAS DEL DESIERTO"

© Ediciones Este, S.A. - 1995
Dirección de edición: Josep M. Parramón Homs
Editor: Isidro Sánchez
Dirección científica y redacción:
Andreu Llamas Ruiz, biólogo
Ilustraciones: Luis Rizo
Diseño de portada: Rosa M. Moreno

Editado por Ediciones Este, S.A.
Tuset, 10 8° 2ª
08006 Barcelona
I.S.B.N.: 84-89515-13-1
Depósito legal: B-35656-1995

Edición especial para Chelsea House Publishers
I.S.B.N. colección: 0-7910-4012-7
I.S.B.N. Plantas del desierto: 0-7910-4018-6
0-7910-4019-4 (rústica)

Impreso en España

Fotocomposición y fotomecánica: Fimar, S.A., Barcelona (España)
Impresión: Carvigraf, Barcelona (España)

EL INCREÍBLE MUNDO DE LAS PLANTAS
PLANTAS DEL DESIERTO

CHELSEA HOUSE PUBLISHERS
New York • Philadelphia

¿QUÉ ES UN DESIERTO?

No todos los desiertos son inmensas extensiones de arena calcinada. Los hay de roca, de sal y hasta de hielo.

Seguro que te imaginas el desierto como un gran mar de arena, solitario y bajo un sol abrasador. Sin embargo, no todos los desiertos son así, ya que algunos están en zonas muy frías del planeta. Tampoco todos los desiertos son de arena: algunos son rocosos y otros pueden ser de sal o de hielo. Pero todos tienen una cosa en común: son regiones que sufren una sequía casi permanente, de modo que hay poquísima agua disponible.

Los desiertos reciben muy poca agua, y en algunos lugares no han recibido ¡ni gota desde hace más de quince años!

La superficie del desierto está casi totalmente desprovista de vegetación y, en muchos casos, también el suelo, ya que el viento lo arrastra rápidamente.

El aire del desierto tiene una humedad bajísima, de modo que no se forman nubes; por eso el cielo está siempre claro y despejado, lo que provoca que el suelo esté siempre expuesto a la acción directa de los rayos del sol.

La temperatura del aire puede llegar a los 40 o 50 °C, y la temperatura superficial de la arena y las rocas en las horas más calurosas del día ¡alcanza los 75 °C!

Los cambios bruscos de temperatura entre el día y la noche hacen que las rocas se rompan hasta formar fragmentos tan pequeños que son arrastrados por el viento.

Arena y piedra (1)
El clima del desierto es tan duro que siempre hay una lucha continua por la supervivencia, donde la vida parece imposible. En general, sólo la quinta parte de la extensión del desierto presenta algo de vegetación, ya que el resto es sólo arena y piedras o pura roca.

Bosque de cactos (2)
Los cardones a veces pueden formar verdaderos "bosques de cactos", por los que resulta imposible que se desplace una persona, ya que su piel quedaría desgarrada por las espinas. Sin embargo, estas formaciones alojan a gran cantidad de animales.

Nidos espinosos (3)
En el desierto todo es diferente y todos sus habitantes tienen que adaptarse. ¿En qué otro lugar podrías encontrar un nido de paloma hecho de espinas sobre un cacto?

Formas globosas (4)
Para luchar contra el viento del desierto y la falta de agua, muchas plantas adoptan formas globosas y tubulares, y se sitúan protegidas a sotavento de las dunas.

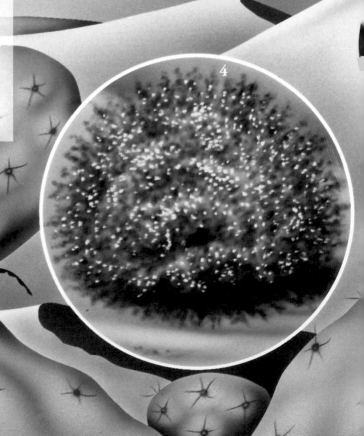

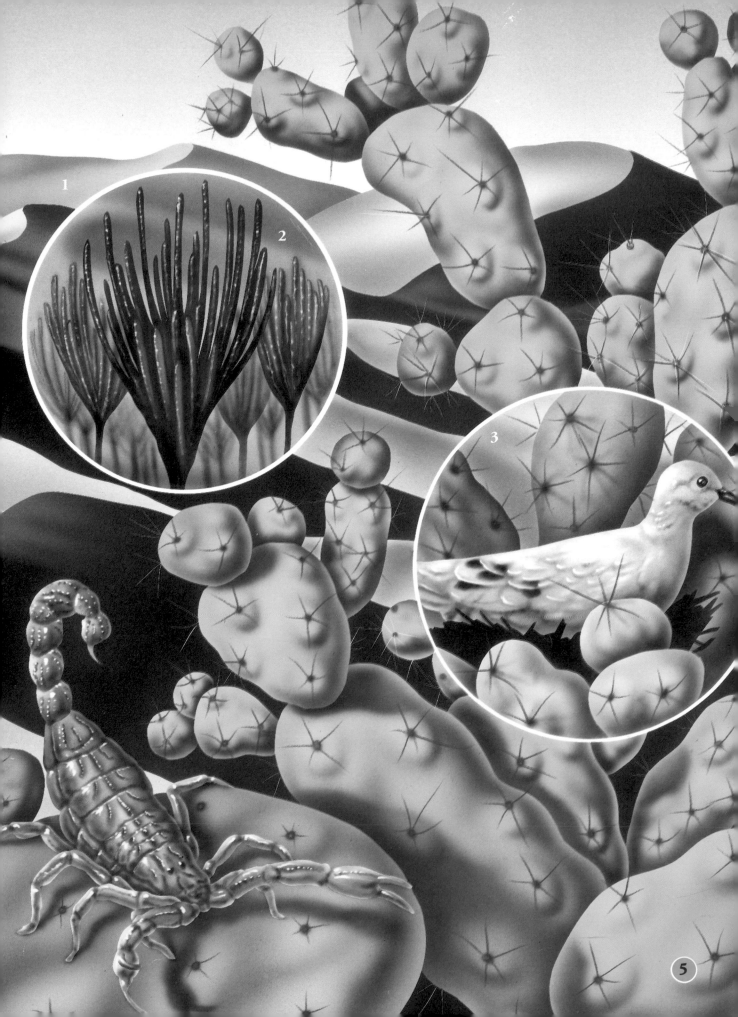

PLANTAS DEL DESIERTO

Los desiertos tienen más plantas de las que te imaginas.

La vida en el desierto es muy dura para las plantas, ya que no pueden correr a esconderse tras una sombra o enterrarse bajo tierra; el sol abrasa, y las temperaturas cambian desde un calor infernal durante el día a unas noches muy frías. Además la lluvia es muy escasa, y cuando aparece lo hace siempre de forma violenta.

Para sobrevivir, las plantas del desierto han aprendido a ser resistentes, a esperar, y a ser muy rápidas para crecer y reproducirse cuando llega la lluvia.

A pesar de todo, en el desierto la vegetación es baja y escasa. En general, las plantas tienen un aspecto seco y espinoso, y los árboles son rarísimos (la mayoría pertenecen a la familia de las acacias).

Para resistir a la estación más seca, las plantas del desierto utilizan tres "astucias" diferentes: en primer lugar, algunas plantas pierden los tallos y las hojas, y sólo subsisten por sus raíces; otras plantas, en cambio, se marchitan y dejan las semillas preparadas a la espera de la próxima lluvia; por último, las verdaderas plantas desérticas (es decir, las únicas que son visibles permanentemente) se han transformado mucho para ser capaces de conservar el agua: las más conocidas son los cactos.

Por otra parte, para evitar tener que compartir el agua con otras plantas, muchas especies han desarrollado unos mecanismos tóxicos para rechazar a sus vecinas.

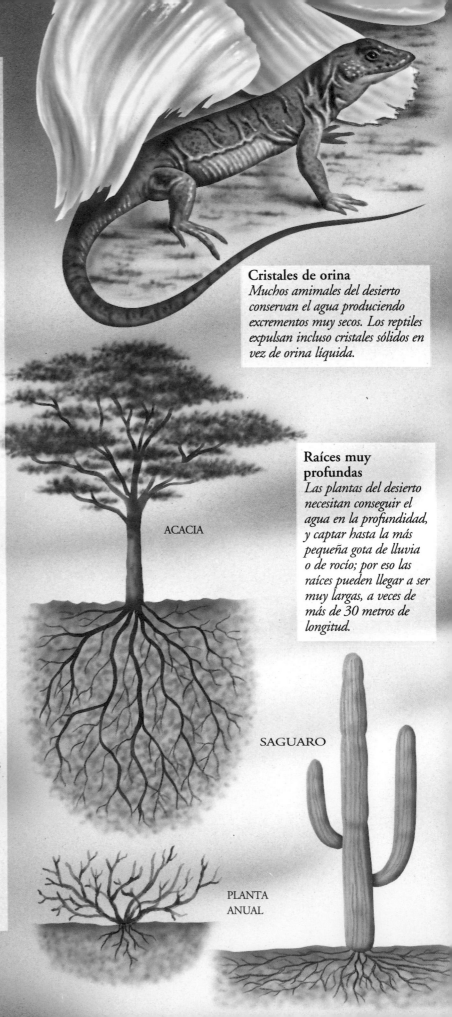

ACACIA

SAGUARO

PLANTA ANUAL

Cristales de orina
Muchos amimales del desierto conservan el agua produciendo excrementos muy secos. Los reptiles expulsan incluso cristales sólidos en vez de orina líquida.

Raíces muy profundas
Las plantas del desierto necesitan conseguir el agua en la profundidad, y captar hasta la más pequeña gota de lluvia o de rocío; por eso las raíces pueden llegar a ser muy largas, a veces de más de 30 metros de longitud.

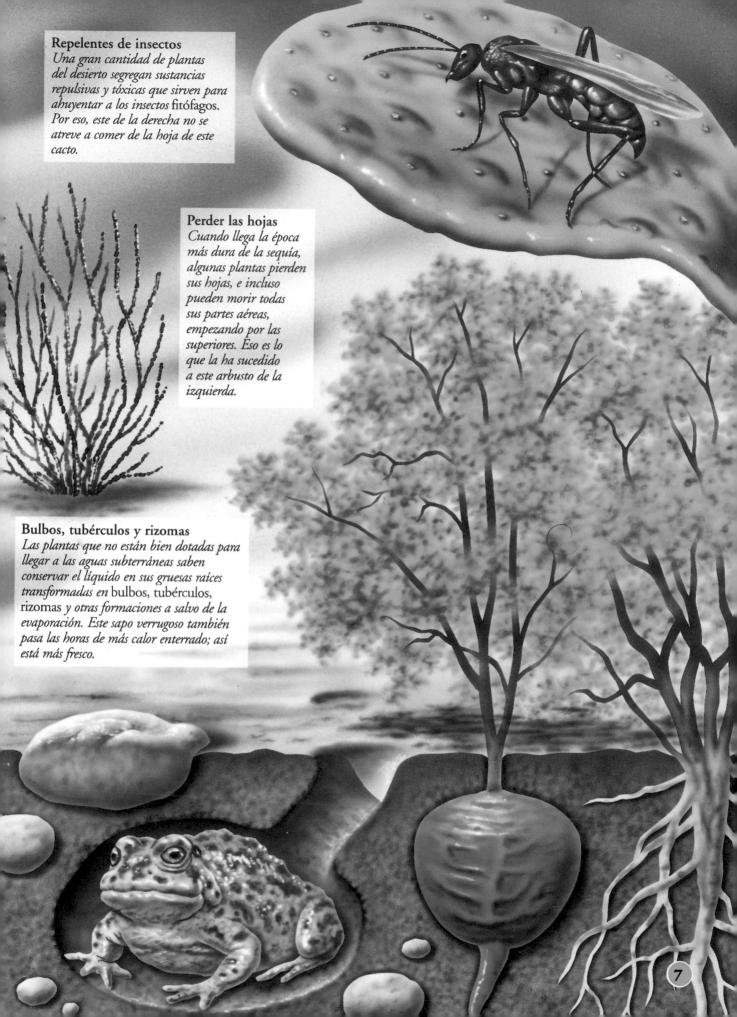

Repelentes de insectos
Una gran cantidad de plantas del desierto segregan sustancias repulsivas y tóxicas que sirven para ahuyentar a los insectos fitófagos. Por eso, este de la derecha no se atreve a comer de la hoja de este cacto.

Perder las hojas
Cuando llega la época más dura de la sequía, algunas plantas pierden sus hojas, e incluso pueden morir todas sus partes aéreas, empezando por las superiores. Eso es lo que la ha sucedido a este arbusto de la izquierda.

Bulbos, tubérculos y rizomas
Las plantas que no están bien dotadas para llegar a las aguas subterráneas saben conservar el líquido en sus gruesas raíces transformadas en bulbos, tubérculos, rizomas y otras formaciones a salvo de la evaporación. Este sapo verrugoso también pasa las horas de más calor enterrado; así está más fresco.

LUCHAR CON LA ARENA

Los mares de arena del desierto no se parecen a ningún otro paisaje de la Tierra. Arrastrada por el viento, la superficie del desierto cambia constantemente, como el mar.

En los desiertos arenosos, el viento crea grandes y extrañas olas que son las *dunas* de arena. Cuando un obstáculo frena la fuerza del viento, éste pierde su energía y deja caer la arena que transporta, acumulándose: así nacen las dunas, que avanzan porque la arena recibe la fuerza del viento constantemente.

¿Cómo pueden sobrevivir las plantas en un ambiente tan difícil?

Existe un tipo especial de plantas del desierto, las hierbas perennes, que se reproducen gracias al crecimiento de nuevos *rebrotes* de su sistema de raíces. Al cabo de unos años, estos sistemas de raíces se convierten en grandes complejos, y el crecimiento subterráneo puede representar más del 85 % de la planta. La gran extensión de las raíces permite captar el agua de una zona muy amplia. Durante los meses más secos, la vegetación del exterior se seca y muere mientras que, bajo el suelo, ¡el sistema subterráneo de raíces sigue vivo!

Estas plantas son muy importantes en los desiertos arenosos, ya que ayudan a mantener unida la superficie del desierto, que está en constante movimiento. Incluso a muchas de estas plantas les salen raíces a partir de cualquier parte que esté enterrada en la arena: gracias a eso, es difícil que lleguen a morirse del todo. La arena que transporta el viento queda atrapada entre las complicadas raíces y se va acumulando poco a poco, de manera que a su alrededor se forman unos montículos que pueden llegar a los tres metros de diámetro.

Dunas impresionantes (1)
Las dunas forman con frecuencia inmensos mares de arena, que por ejemplo representan la cuarta parte del Sahara. Las dunas avanzan unos 20 metros al año, y las más grandes pueden alcanzar ¡los 300 metros de altura!

Tormentas de arena (2)
Durante las tormentas del desierto, el polvo puede ser brutalmente levantado a centenares de metros de altura. No debes despreciar la fuerza de la arena: caravanas enteras han quedado enterradas en el desierto.

Caminar sin hundirse (3)
Los animales que viven en la arena han desarrollado diferentes sistemas para desplazarse sin hundirse. Este gecónido utiliza para

ello sus membranas interdigitales, mientras que el crótalo cornudo (3a) avanza de lado, moviendo el cuerpo como una palanca.

Raíces por todas partes (4)
Como puedes ver, las plantas herbáceas perennes luchan por mantenerse sobre la arena del desierto gracias a sus raíces.

Serpientes de coral (5)
Esta venenosísima serpiente de coral bucea entre la arena en busca de insectos.

El pez de la arena (6)
Pertenece al grupo de los lagartos, pero su cuerpo largo, resbaladizo y aerodinámico le permite deslizarse fácilmente a través de la arena, nadando como un pez en el agua.

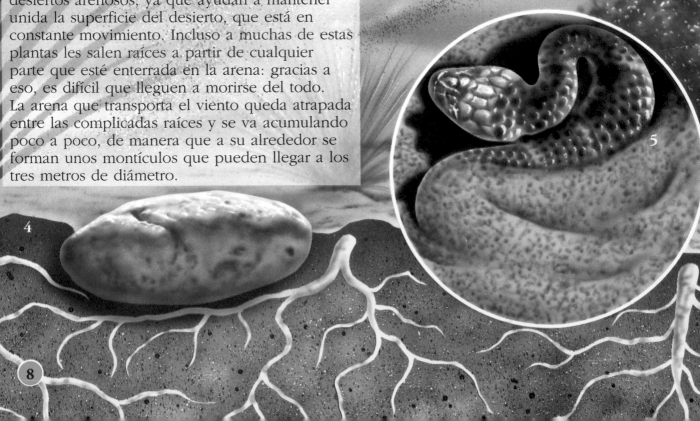

VIDA ESPINOSA

Las plantas del desierto han hecho grandes y sorprendentes adaptaciones para sobrevivir a la escasez de agua.

Una buena solución es absorber toda el agua de que puedan disponer y luego almacenarla en un tejido especial, llamado tejido "suculento". Las plantas que almacenan así el agua se llaman suculentas, y las más conocidas son las *cactáceas*.

Ya habrás observado que los cactos han desarrollado espinas en vez de hojas. Las espinas son muy útiles: en primer lugar, son duras y están muy afiladas, para disuadir a quienes pretendan devorar el cacto; en segundo lugar, dan sombra al tallo y recogen el rocío de la mañana (que se desliza hasta el suelo, donde las raíces lo absorben); además, las espinas también atrapan una capa de aire alrededor de la planta, que ayuda a reducir la cantidad de humedad evaporada, formando una barrera para el aire caliente.

La clorofila, al no existir hojas, aparece en los propios tallos y tejidos exteriores de la planta: así puede realizar la *fotosíntesis* sin despilfarrar agua.

Los tallos de los cactos están plegados en crestas o dobleces ¡que se abren y contraen como un acordeón!; gracias a eso pueden almacenar grandes cantidades de agua cuando llueve, ya que de lo contrario reventarían; después, durante el período de sequía, el cacto se va encogiendo a medida que utiliza el agua almacenada. Bajo tierra están los bulbos, de los que surgirán los nuevos cactos; crecen cerca de la base del cacto.

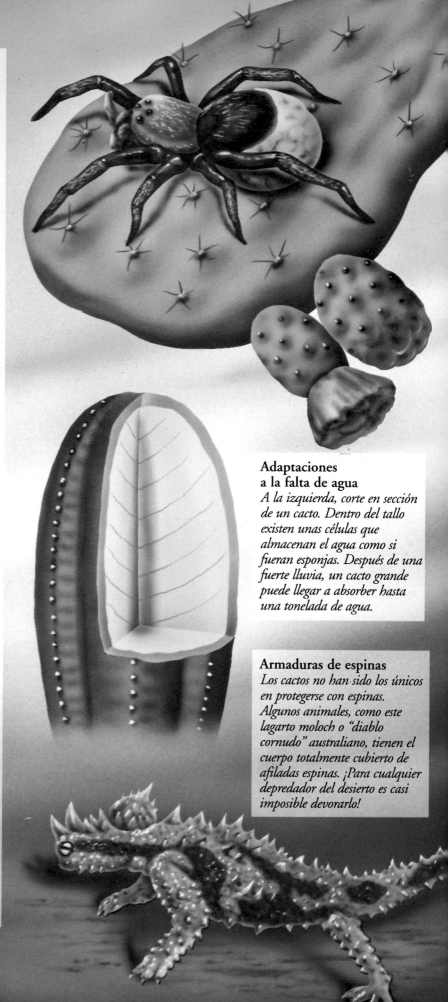

Adaptaciones a la falta de agua
A la izquierda, corte en sección de un cacto. Dentro del tallo existen unas células que almacenan el agua como si fueran esponjas. Después de una fuerte lluvia, un cacto grande puede llegar a absorber hasta una tonelada de agua.

Armaduras de espinas
Los cactos no han sido los únicos en protegerse con espinas. Algunos animales, como este lagarto moloch o "diablo cornudo" australiano, tienen el cuerpo totalmente cubierto de afiladas espinas. ¡Para cualquier depredador del desierto es casi imposible devorarlo!

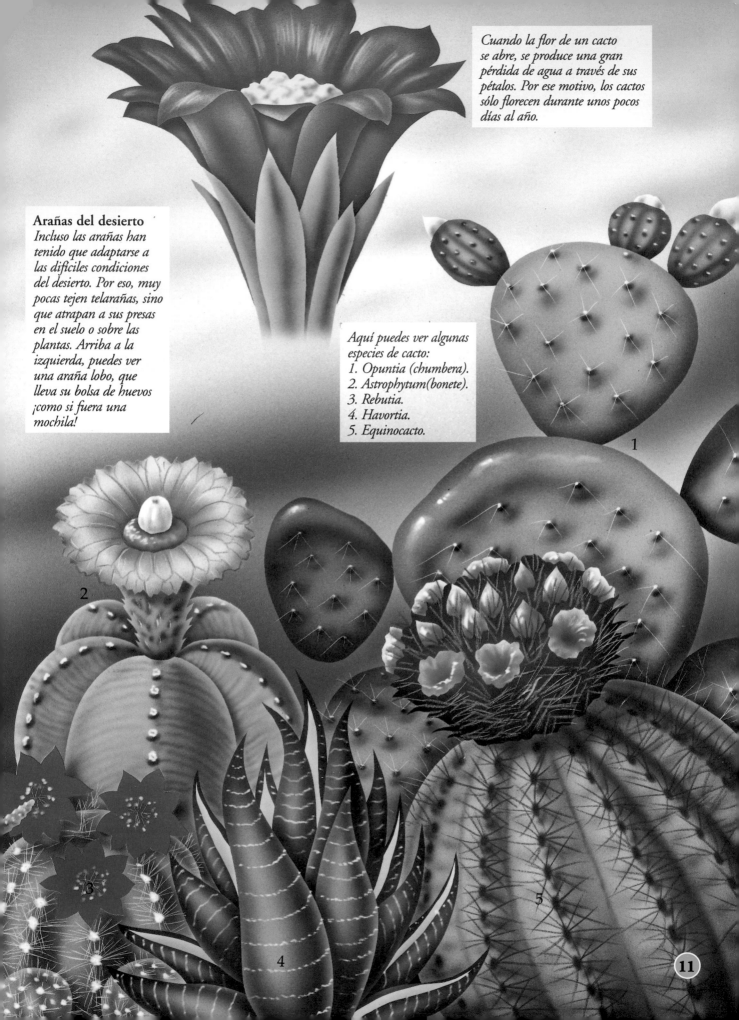

Cuando la flor de un cacto se abre, se produce una gran pérdida de agua a través de sus pétalos. Por ese motivo, los cactos sólo florecen durante unos pocos días al año.

Arañas del desierto

Incluso las arañas han tenido que adaptarse a las difíciles condiciones del desierto. Por eso, muy pocas tejen telarañas, sino que atrapan a sus presas en el suelo o sobre las plantas. Arriba a la izquierda, puedes ver una araña lobo, que lleva su bolsa de huevos ¡como si fuera una mochila!

Aquí puedes ver algunas especies de cacto:
1. Opuntia (chumbera).
2. Astrophytum(bonete).
3. Rebutia.
4. Havortia.
5. Equinocacto.

UN CACTO FAMOSO: EL SAGUARO

La planta más característica del desierto norteamericano es el cacto saguaro. Seguro que has visto su inconfundible forma en el cine.

El saguaro se distingue sobre todo por su forma y por su tamaño impresionante, ya que supera los 15 metros y su tronco puede contener más de una tonelada de agua.

Como todos los cactos, el saguaro tiene un crecimiento muy lento, ya que no alcanza los 10 centímetros de altura hasta los diez años de edad, y a los cincuenta años sólo mide 1,80 metros.

Las primeras ramas, que suben verticalmente, no aparecen hasta casi los cien años, que es cuando el cacto alcanza la madurez y empieza a producir semillas.

Las semillas al principio sirven de alimento a los roedores y otros animales, y sólo una de cada 275.000 dará lugar a un saguaro adulto.

El saguaro continúa creciendo hasta alcanzar una altura máxima de unos 20 metros y tener 50 ramas, cuando tiene unos doscientos cincuenta años, que parece ser la edad máxima de estos cactos.

Un saguaro viejo puede llegar a pesar hasta 10 toneladas, de las cuales cuatro quintas partes son agua.

Aunque está cubierto por multitud de espinas y es muy venenoso, el saguaro es una planta muy hospitalaria: la sombra del saguaro y las superficies frías que proporciona son aprovechadas por muchos animales diferentes, y algunos de ellos incluso llegan a vivir en el propio cacto.

Una red de raíces (1)
Las raíces del saguaro son tan largas como la propia planta y se extienden superficialmente en todas direcciones. Después de la lluvia, las raíces absorben el agua y la transportan a los tejidos aéreos, que estaban secos y plegados sobre sí mismos tras la sequía.

Las flores del saguaro (2)
La floración produce una preciosa flor blanca, que se convierte en un fruto en forma de pera, azucarado y nutritivo: es la pitahaya.

Nidos en el saguaro (3)
Cuando el saguaro alcanza una buena altura, el pájaro carpintero de gila hace un agujero cerca de la parte superior, e instala su nido. La planta se defiende ante el intruso rodeando la oquedad con savia, que además se endurece para evitar la pérdida de calor.

El búho de los cactos (4)
En los años posteriores, estos mismos agujeros pueden ser ocupados por otras aves, como por ejemplo los búhos de los cactos.

1

2

LLUEVE EN EL DESIERTO

En el desierto también llueve, aunque, por supuesto, nunca de forma regular y, a veces, con una violencia terrible.

Las lluvias en el desierto son caprichosas: hay lugares en los que no cae ni una gota de agua durante varios años (a veces, más de una década) y, sin embargo, cuando llueve se precipita la cantidad de agua correspondiente a todo el año en un repentino diluvio.

En general, cuando llegan las lluvias del desierto, las aguas descienden torrencialmente y al llegar a la tierra seca, el agua no se filtra sino que es rechazada por la superficie: por este motivo las aguas acumuladas corren indomables por las llanuras calcinadas por el sol, o forman espectaculares cataratas en profundos cañones.

El agua recién caída arrastra una enorme cantidad de fango, así que barre, rompe y destruye todo lo que encuentra a su paso. Sorprendentemente, el precioso líquido desaparecerá casi con la misma velocidad con que ha caído, pero sus beneficiosos efectos sobre el desierto serán ya inevitables.

Muchas semillas y animales se mantenían en estado latente, quizás desde hacía varios años, dormidos y ocultos en el suelo. Por eso, cuando llega la primera lluvia importante, el desierto se convierte en un paraíso poblado de flores y animales. Las semillas son estimuladas por el chaparrón y su fuerte cutícula es disuelta por las aguas; los huevos y las larvas se abren, los insectos zumban en el aire y las ranas y otros animales salen de su letargo al sentir la humedad.

En unas semanas las plantas germinan, florecen y dan su fruto; el desarrollo es rapidísimo, pero después el desierto volverá a dormirse hasta la próxima lluvia.

Lluvias torrenciales (1)
Las lluvias en el desierto pueden ser muy peligrosas si los torrentes se desbordan. Sin embargo, incluso este hecho es útil para las plantas, ya que muchas semillas son transportadas a kilómetros de distancia en el seno de las torrenteras que se forman.

Barro después del diluvio (2)
Al final, el agua se filtra en el suelo o llega hasta algún lago seco; parece increíble que poco después del diluvio, sólo quede fango, que acaba por resecarse bajo el sol del desierto.

¿Anfibios en el desierto? (3)
El sapo de espuelas de América del Norte utiliza sus patas traseras para enterrarse bajo la arena, donde espera durante meses la llegada de las lluvias. Cuando se forman las primeras charcas, los sapos salen al exterior rápidamente, se aparean y ponen los huevos en el agua. Los pequeños renacuajos crecen muy deprisa, y se convierten en adultos en pocas semanas, justo a tiempo para enterrarse antes de que su charca se seque del todo.

Flores del desierto (4)
Tras la lluvia, el guisante del desierto brota y florece, aunque únicamente durante unos días.

EL DESIERTO FLORECE

Tras el milagro de la lluvia, una multitud de plantas de pequeño y mediano tamaño empieza a aparecer sobre la arena como por arte de magia.

La mayoría de estas plantas crece muy rápidamente: los rebrotes aparecen durante la noche y, después de unos pocos días, el desierto aparece cubierto por una alfombra de flores de colores que luchan por atraer hacia sus corolas cargadas de néctar a los insectos polinizadores; ¡sólo disponen de unas pocas horas para completar la *polinización*!

Acaban de nacer y morirán muy pronto: algunas especies son capaces de, en sólo ocho horas, crecer, florecer y fructificar liberando luego sus semillas, para morir después; estas semillas quizás tengan que esperar cinco años para volver a germinar y florecer.

Debes tener en cuenta que las nuevas plantas que aparecen no cuentan con formaciones especiales para evitar la evaporación, y sus raíces no son profundas ni ampliamente ramificadas: es decir, no están adaptadas en absoluto para sobrevivir en el desierto. Para estas plantas, la vida es una carrera contrarreloj para florecer y producir semillas antes de que el sol las seque totalmente.

Las semillas, en cambio, sí que están especializadas, ya que encierran todas las esperanzas de supervivencia de la especie: están cubiertas por unas cutículas que necesitan una determinada cantidad de agua para ser disueltas. Al cabo de pocas semanas, estas plantas *efímeras* han completado sus ciclos vitales y el desierto vuelve a aparecer "vacío". Las nuevas semillas serán transportadas por el viento hasta quedar enterradas en las capas superficiales del suelo y allí se mantendrán "dormidas" incluso durante períodos superiores a tres años.

Millones de flores (1)
Hay pocos espectáculos que se puedan comparar a la visión de millones de flores surgiendo del desierto vacío tras las primeras lluvias.

Millones de semillas (2)
Cada año se producen millones de semillas que sirven de alimento a muchos animales del desierto, como esta pequeña ardilla. Pero aunque los animales coman estas semillas, siempre quedan las suficientes para que las flores vuelvan a crecer tras la siguiente lluvia.

Variedad de formas y colores (3)
Cuando ya han crecido totalmente, estas plantas constan sólo de una flor y un tallo corto, que parece surgir directamente del suelo desnudo. Las flores del desierto pueden tener colores y formas tan diferentes como Carnegia gigantea *(3a) y* Calandrina crassifolia *(3b).*

En los desiertos sudamericanos (4)
La puya (Puya chilensis) *es un arbusto suculento típico de los desiertos chilenos y peruanos.*

Una flor de Norteamérica (5)
El magüey gigante (Agave shawii) *es una especie suculenta que vive en las zonas desérticas de California.*

La tortuga del desierto (6)
Esta tortuga devora las hojas verdes, los frutos y las flores, extrayendo de la materia vegetal el medio litro de agua que necesita para sobrevivir en los meses de sequía, y la almacena debajo del caparazón.

3a

4

3b

5

6

LOS OASIS

El oasis es una increíble explosión de exuberancia en medio de la monotonía y la aridez del desierto: todo un milagro de la vida.

¿Sabías que los desiertos no son totalmente secos, aunque podamos ver muy poca agua en la superficie? En realidad, casi toda el agua que hay en el desierto es subterránea, y algunas capas acuosas se encuentran sólo a unos 30 o 60 centímetros de profundidad.

Pero en muchos puntos del desierto aparecen charcas y fuentes, e incluso grandes lagos con millones de litros de agua.

La vida aprovecha cualquier ocasión en el desierto, así que incluso alrededor de las charcas más pequeñas siempre se encuentra un oasis con una exuberante vegetación; aquí y allá, rodeados por una casi absoluta aridez, brillan los verdes oasis como atractivos focos de vida, rodeados por los paisajes más áridos de la Tierra.

Aunque te sorprenda, también hay ríos en los desiertos, pero durante la mayor parte del año no llevan agua en la superficie. Sin embargo, muchas veces circula agua subterránea justo por debajo del lecho del río "aparentemente seco". Durante todo el año crece un poco de vegetación a lo largo de muchos de estos ríos secos, pero cuando se produce una tormenta y la consiguiente riada, todo es arrastrado por el agua, excepto las plantas con las raíces más firmes.

Si alguna vez viajas por el desierto y ves árboles, piensa que los árboles sólo pueden vivir cerca de los cauces más o menos permanentes de agua; esto quiere decir que en sus alrededores, incluso durante las temporadas más largas de sequía, hay capas profundas de agua.

Cómo surge un oasis (1)
Los oasis surgen en medio del desierto cuando el nivel de las aguas subterráneas se encuentra en la superficie.

La palmera datilera (2)
Es uno de los tesoros del desierto, ya que se aprovechan todas sus partes: los dátiles son un alimento muy valioso; la madera del tronco se utiliza para la construcción; la base de los troncos se usa como combustible para quemar y la fibras que rodean el tronco sirven para fabricar cuerdas resistentes y duraderas. ¡Incluso de la punta del tronco se produce un vino dulce y fuerte!

La ganga (3)
Las gangas adultas transportan el agua de los oasis entre las plumas de su pecho y su vientre; gracias a eso pueden sobrevivir sus polluelos (que se alimentan de semillas secas) a muchos kilómetros del agua.

Eunemes: una avispa alfarera (4)
Esta singular avispa mezcla saliva con un poco de tierra para fabricar nidos con forma de vasija. En cada nido, la avispa coloca un solo huevo colgando del techo, y debajo del huevo un gran número de larvas anestesiadas que le servirán de alimento; después cierra la entrada de la vasija.

3

ÁRBOLES TESTARUDOS

¿Árboles en el desierto?, te preguntarás, sorprendido, al leer este título.

Tu sorpresa es lógica, pero la respuesta es que sí: un grupo importante del desierto son los arbustos y los árboles atrofiados. Normalmente se encuentran en los desiertos arenosos, aunque están presentes en casi todas las áreas desérticas.

Los árboles y los arbustos del desierto consiguen el agua del subsuelo profundo gracias a sus larguísimas raíces, que pueden llegar a los 75 metros. Estas raíces, además, fijan fuertemente la planta a la superficie en movimiento del desierto.

Para limitar la evaporación, muchos de estos árboles y arbustos no tienen hojas o tienen muy pocas; cuando llega la estación más seca, pierden sus hojas y algunas de sus ramas y respiran por los troncos de corteza porosa.

Los tejidos leñosos del tronco y de las ramas principales son muy fuertes y resistentes a los efectos del sol, y algunos arbustos pueden llegar a secarse del todo sin morir. Entonces, cuando empiezan a caer las primeras lluvias, las hojas y los rebrotes nuevos comienzan a salir de las ramas que parecían muertas. Como puedes suponer, las funciones de la planta se reducen mucho cuando ha perdido las hojas. Por eso durante la época más calurosa del año, la planta se mantiene en un estado letárgico. El resultado de esta forma de vida es un crecimiento muy lento y una vida muy larga.

El "cacto de barril"
El cacto de barril, legendariamente, encerraba el agua suficiente para salvar la vida del caminante extraviado. Su aspecto cambia mucho si está lleno o vacío de agua.

El saxaúl
El saxaúl es un árbol que forma algo parecido a "bosques", aunque su aspecto es el de un arbusto de unos 4 o 5 metros. Como puedes ver, durante el verano el saxaúl blanco parece un árbol muerto, ya que pierde sus hojas y casi todas sus ramas.

**El mallee
del desierto**
*Las flores del desierto
—como las de este
mallee— son unas de
las más bonitas del
mundo, ya que tienen
que atraer a los insectos
en muy poco tiempo.*

**¡Alimentarse
de excrementos!**
*Este escarabajo del desierto
hace una bola con los
excrementos de camello y
cabra, y la hace rodar hasta
su nido subterráneo (donde
están las crías); así pueden
alimentarse durante semanas.*

Deformado por el viento
*La fuerza del viento deforma
algunos de los árboles y arbustos del
desierto, de manera que se adaptan
para presentar la mínima
superficie enfrentada al viento.
Observa aquí arriba las formas
tan extrañas que pueden tener.*

LA TEMIBLE PLAGA DE LAS LANGOSTAS

En los límites del desierto del Sahara, existe un imprevisible enemigo que, en pocas horas, puede destruir toda la vegetación y acabar con cosechas enteras: es la langosta migratoria, uno de los más temibles insectos devoradores de plantas.

Las langostas viven y se reproducen en el límite del desierto, y en algunas especies los huevos pueden mantenerse en estado letárgico bajo tierra hasta tres años, esperando a las primeras lluvias para hacer eclosión, pero la mayoría se abren a las tres o cuatro semanas.

Sin embargo, cuando la densidad de los individuos alcanza cierto punto se produce una gran transformación: las langostas cambian de forma, de color, de fisiología y, sobre todo, de comportamiento.

Así es como la langosta solitaria e inofensiva se convierte, en una o dos generaciones, en un temible devastador.

Se forman grupos muy densos con los individuos jóvenes, sin alas, desplazándose en grupos compactos (de unas 20.000 langostas) que caminan por el suelo; los adultos, en cambio, están dotados de alas y se agrupan levantando el vuelo en densas nubes que llegan a tapar la luz del sol: ten en cuenta que un enjambre puede estar formado por millones y millones de individuos; ¡hasta cuarenta mil millones de langostas! Cuando la nube desciende, devoran todos los vegetales en enormes extensiones, de centenares de kilómetros cuadrados.

Las nubes de langostas tienen una movilidad extraordinaria, y algunas de ellas recorren miles de kilómetros en busca de alimento.

Una nube mortífera (1)
Cuando la nube de langostas aterriza provoca daños enormes en la vegetación, ya que pueden devorar más de 40.000 toneladas de vegetación al día. Además tanto los jóvenes como los adultos no necesitan detenerse en su terrible labor destructora para beber, pues obtienen el agua de las plantas que comen.

El ciclo vital de las langostas (2)
2a) Hasta 1.000 langostas pueden poner sus huevos en el mismo metro cudrado de terreno.
2b) Larvas de langostas.

2c) Jóvenes saltones o saltadores: sus patas son tan robustas que pueden saltar hasta diez veces su propia longitud; así pueden escapar de depredadores como las serpientes.
2d) Langostas adultas: cuanto más crecen más hambre tienen, y cuando les salen alas, devoran toda la vegetación que tienen a su alcance.

2d

2c

2b

BEBEDORES DE NIEBLA

Algunos animales y plantas del desierto aprovechan tanto la escasa agua existente, que se han especializado en beber el rocío.

En muchos desiertos costeros, las *brumas* procedentes del mar aportan la humedad indispensable para la vida. En cambio, en otros desiertos, incluso muy alejados del mar, cuando el aire húmedo contacta con una superficie fría se forma una especie de rocío, que por las mañanas cubre las superficies rocosas.

En el desierto de Namib, en la costa occidental de África del Sur, existe una de las plantas más raras del mundo: la *Welwitschia mirabilis*, que prácticamente es un fósil viviente.

Su forma es muy extraña, ya que en realidad se trata de un árbol "aplastado" de la familia de las coníferas. Tiene una raíz muy gruesa, que puede llegar al metro de ancho; la parte superior de la raíz sobresale sobre la superficie del suelo, y las hojas de la planta salen de esta parte superior de la raíz. Las hojas son muy especiales, y cuelgan de la planta como si fueran tiras enrolladas; en buenas condiciones climatológicas, nunca dejarían de crecer.

¿Por qué necesita tanta superficie de hoja esta planta? La explicación es que consigue el agua que necesita captándola de la niebla a través de sus hojas. Las nieblas marinas producen unas gotitas que se condensan sobre la superficie de las hojas, y éstas absorben la humedad ambiental; el agua es transportada por una red de tubos hacia las raíces, donde se guarda.

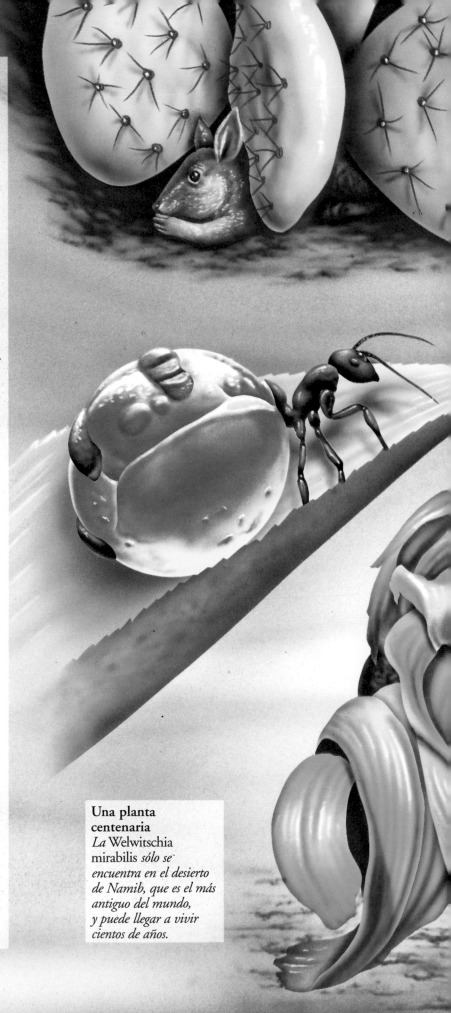

Una planta centenaria
La Welwitschia mirabilis *sólo se encuentra en el desierto de Namib, que es el más antiguo del mundo, y puede llegar a vivir cientos de años.*

Inmunes al veneno
No todos los animales toman el agua del rocío; este roedor americano consigue toda el agua que necesita de la pulpa de los cactos, ya que su sistema digestivo neutraliza el veneno presente en los jugos de estas plantas.

Las sorprendentes hormigas odre
Estas hormigas se cuelgan del techo del hormiguero y el resto de la colonia las alimenta con néctar cuando llueve hasta que sus cuerpos se inflan; pueden estar así durante diez meses, y se desinflan poco a poco, a medida que alimentan a la colonia durante la sequía.

El escarabajo acróbata.
Este escarabajo "hace el pino" cada mañana para beber la humedad de la niebla que le resbala por el cuerpo.

ENFRENTARSE A LA SED Y AL CALOR

Sobrevivir bajo el sol abrasador del desierto requiere que tanto los animales como las plantas pongan en práctica las más increíbles estrategias.

Una de las mayores preocupaciones de los animales y las plantas del desierto es mantener la temperatura corporal adecuada. ¡Hace tanto calor!

Para conseguirlo, ya has visto que las plantas utilizan mecanismos que evitan las pérdidas de agua, y que las plantas del desierto pueden sobrevivir aun perdiendo una cantidad mayor que las plantas de otros ambientes; el tamarugo, por ejemplo, es un árbol que vive en el desierto de Atacama en Chile, y tiene la extraordinaria capacidad de soportar larguísimas sequías de hasta diez años de duración entre inundación e inundación.

Por otra parte, los animales tienen una gran desventaja respecto a las plantas: la mayoría de animales necesitan agua con frecuencia. Para superar este inconveniente, algunos animales del desierto, como el camello, pueden almacenar agua en su cuerpo y así pueden ser capaces de sobrevivir durante largos largos períodos de tiempo sin beber.

Otros animales, en cambio, obtienen toda el agua que necesitan de la vegetación, incluso de las semillas más secas. Por último, los depredadores obtienen la mayor parte del agua que precisan de la sangre y otros fluidos de sus víctimas.

Sin embargo, los animales tienen una ventaja muy importante con respecto a las plantas: ¡pueden moverse para esconderse de los rayos del sol!

Gracias a eso, los animales pueden escoger en qué momento del día prefieren estar activos, y dónde van a pasar las horas más calurosas para protegerse de los inclementes rayos del sol.

Protegerse del sol (1)
Una enorme extensión de arena bajo un sol abrasador: los animales y las plantas han de ingeniárselas para sobrevivir en un medio tan inhóspito.

Un hueco seguro (2)
La neotoma duerme segura en su madriguera, que es un hueco superficial que ha tapado con hojarasca y trozos de ramas secas.

Sombras protectoras (3)
Los cactos y los arbustos proporcionan sombra a todo tipo de animales, desde liebres hasta coyotes y antílopes.

La protección del plumaje (4)
Los chotacabras, que cazan por la noche grandes insectos, durante el día permanecen inmóviles protegidos por sus plumas.

Protegerse con espinas (5)
Durante las primeras etapas de su crecimiento el cacto está totalmente cubierto de espinas.

Un buen refugio (6)
Muchos escarabajos y otros insectos se mantienen frescos entre los tallos centrales de las plantas, ya que allí la temperatura "sólo" es de unos 30 ºC.

UN ARBUSTO MILENARIO

La creosota es un arbusto del desierto que puede llegar a vivir hasta diez mil años. Con el fin de lograr esta longevidad, envenena a las plantas vecinas para que éstas no le roben la escasa agua existente.

En los desiertos americanos crece el arbusto de la creosota, llamado así por su olor característico. En realidad, se trata de una de las plantas del desierto más frecuentes, que sobrevive a las difíciles condiciones del desierto gracias a su impresionante sistema de raíces: es tan extenso, que es capaz de absorber hasta la última gota de humedad de la capa superficial del suelo.

En consecuencia, ninguna otra planta puede vivir cerca suyo, y los arbustos de creosota normalmente están rodeados por un círculo de terreno desnudo. Algunos de estos arbustos han desarrollado un sistema de raíces tan increíblemente eficaz, que la planta ha ido creciendo sin problemas ¡durante miles de años! Durante su crecimiento, el arbusto va formando un círculo vacío a medida que mueren las ramas más viejas del centro. Los arbustos más grandes llegan a ocupar un diámetro de más de 25 metros, y aunque sus ramas más visibles "sólo" tienen unos siglos de antigüedad, el arbusto puede sobrepasar ¡los diez mil años! Para asegurarse toda el agua de la zona, las raíces de la creosota segregan auténticos venenos que matan a las semillas de las plantas vecinas.

Un mal vecino
La creosota no permite que ninguna otra planta crezca a su alrededor. Para ello ha desarrollado un sistema de raíces muy amplio en busca de toda el agua posible. Las raíces además impregnan el suelo con un veneno que impide que otras plantas crezcan cerca.

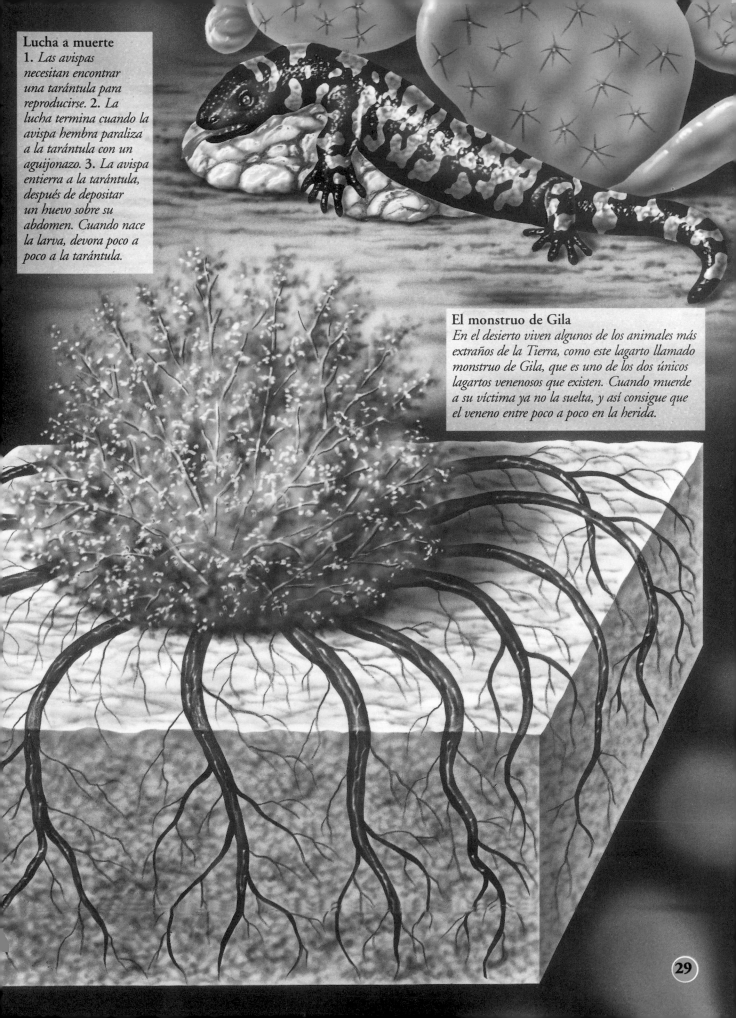

Lucha a muerte
1. *Las avispas necesitan encontrar una tarántula para reproducirse.* 2. *La lucha termina cuando la avispa hembra paraliza a la tarántula con un aguijonazo.* 3. *La avispa entierra a la tarántula, después de depositar un huevo sobre su abdomen. Cuando nace la larva, devora poco a poco a la tarántula.*

El monstruo de Gila
En el desierto viven algunos de los animales más extraños de la Tierra, como este lagarto llamado monstruo de Gila, que es uno de los dos únicos lagartos venenosos que existen. Cuando muerde a su víctima ya no la suelta, y así consigue que el veneno entre poco a poco en la herida.

DÍA Y NOCHE
EN EL DESIERTO

¿Crees que la llegada de la noche en el desierto representa un alivio para los seres que lo pueblan? Así es, en parte, aunque entonces tengan que enfrentarse a un nuevo enemigo: el frío.

Por la noche la temperatura en el desierto desciende rápidamente, ya que la ausencia de nubes implica que nada retenga el calor del suelo, que rápidamente escapa hacia el espacio; incluso en los desiertos más cálidos, las noches son muy frías y la temperatura puede descender por debajo de los cero grados centígrados.
El descenso de temperatura tiene una ventaja: la temperatura baja lo suficiente para que un poco del vapor de agua del aire se deposite por *condensación*, en forma de rocío. Como ya has visto antes, esta pequeña cantidad de agua es vital para algunas formas de vida del desierto.
Por otra parte, algunas plantas se han adaptado especialmente a las condiciones de la noche, como por ejemplo los cactos, que sólo abren sus poros durante la noche, que es cuando la pérdida de agua por transpiración es más pequeña. ¡Incluso existen especies que sólo abren sus flores por la noche!
Entre los animales, una estrategia para evitar el calor del día es estar activos sólo durante la noche.
Por este motivo, muchos animales del desierto son nocturnos, y pasan las horas del día escondidos tras la sombra más absoluta o bajo tierra.
Los animales que son activos durante el día han desarrollado métodos para evitar el aumento descontrolado de la temperatura corporal.
Algunos de ellos, como los escorpiones o las ardillas del desierto, alternan períodos de tiempo activos bajo el sol con otros en los que "se enfrían" a la sombra.

Cuando se oculta el sol (1)
Cuando el sol deja de calentar las arenas del desierto, los animales y las plantas deben emplear otras estrategias para sobrevivir.

Flor de noche (2)
La flor del Cereus sólo podrías verla en la oscuridad, ya que realiza su ciclo completo en una sola noche.

Comida escasa (3)
El jerbo se alimenta de las semillas, las raíces y las plantas que puede conseguir. Cuando come, a veces se mantiene sentado sobre la cola y las patas traseras, como hacen los canguros.

Depósito de agua (4)
La neotoma roe el cactos nopal, que está formado en un 80 % por agua, para conseguir el agua que necesita para vivir.

Insectos en la noche (5)
Muchos insectos son activos durante la noche: algunos se alimentan sólo de semillas, pero también hay otros que son cazadores. Unos y otros corren grandes riesgos al moverse de noche, ya que es entonces cuando la mayoría de depredadores salen a cazar.

4

GLOSARIO

Brumas. Nieblas que se forman sobre el mar.

Bulbos. Son tallos subterráneos con hojas o yemas carnosas, como por ejemplo las cebollas.

Cactáceas. Son plantas con el tallo suculento y las hojas (si es que tienen) convertidas en espinas. Son típicas de las regiones tropicales, como los cactos.

Dunas. Montículos movedizos de arena, formados por el viento en los desiertos arenosos y playas.

Efímeras. De corta duración; son plantas que realizan todo su ciclo vital en un período muy corto de tiempo.

Fitófago. Organismo que se alimenta de materias vegetales.

Fotosíntesis. Proceso en el que las plantas verdes sintetizan materia orgánica a partir de CO_2, utilizando la luz como fuente de energía.

Polinización. Es el transporte o paso del polen desde las anteras (parte masculina de la flor) hasta los estigmas (parte femenina de la flor); puede depender del viento, los insectos, etc.

Rebrotes. Son ramos tiernos de un árbol o una planta, que brotan después de cortada una planta.

Rizomas. Son tallos horizontales y subterráneos de la planta en los que por un lado salen ramas aéreas verticales, mientras que por otro lado salen raíces.

Sotavento. Es la parte opuesta a aquella de donde viene el viento, es decir, es la que queda protegida del viento.

Tubérculos. Son abultamientos que se producen en algunas plantas, especialmente en el tallo y en la raíz, y que sirven para almacenar reservas nutritivas (por ejemplo, las patatas, las zanahorias, etc.).

ÍNDICE